ル・鳩　良い子ぶる

八潮れん

思潮社

ル・鳩　良い子ぶる

八潮れん

思潮社

目次

シャン村「怒豚濡」　10
シャンドンドン　16
三叉歯音　22
「零と我　プッ揺れ　おっ来る……」　26
マリイへ　そうすればピエロ　28

聞こえるよ／仏訳ウーサ　32

＊

跳躍トランスイスイ　34
跳躍トランス花状齢　46
瞬きのフィロ　58
善人の妻　68

装画＝神　彌佐子

ル・鳩　良い子ぶる

Quelle que soit la distance…

とおく離れていても……

シャン村「怒豚濡」

麗さん　黒ろんで　ヴィオロン
泥と豚　濡
ブレスもん　来る
で友、濡　乱ぐる
喪の豚　濡

頭首　お爛

えっ　無礼無感
損ルール
事務　済みやん
えっ　ずる算　思案
えっ　ずるプール

えっ　充満べぇ　お晩　猛べぇ
木　万ボルト
どぉさ　どぉら
晴れ湯　アレ
不意湯　洩る都

CHANSON D’AUTOMNE

Paul Verlaine

Les sanglots longs
Des violons
  De l’automne
Blessent mon cœur
D’une langueur
  Monotone.

Tout suffocant
Et blême, quand
  Sonne l’heure,
Je me souviens
Des jours anciens
  Et je pleure ;

Et je m'en vais
Au vent mauvais
Qui m'emporte
Deçà, delà,
Pareil à la
Feuille morte.

秋の歌（落葉）

ポオル・ヴェルレエヌ　上田敏訳*

秋の日の
ギオロンの
ためいきの
身にしみて
ひたぶるに

うら悲し。

鐘のおとに
胸ふたぎ
色かへて
涙ぐむ
過ぎし日の
おもひでや。

げにわれは
うらぶれて
こゝかしこ
さだめなく
とび散らふ
落葉かな。

＊翻訳詩集『海潮音』一九〇五年、本郷書院

シャンドンドン

にゃんと抜く論じゃのう　旦那フロアーで手代ぶる
ああ自由、ビールをくらって　ツノが出て　トロを食う！
仁丹で邪道だべ　アベックでショック　姉ぶる
わあ　歌うちっさん　するるハゲでクール

通り経ればば連がとれ　なんぼもねえぞら：　これら、
縁、降りそう、降りーる、ダブルずれ　掘るぜ、

えっ、虚無僧冷湯　男尊寝て　惚れーる、
文句を売る　薄ら古閑風呂　籠城で暮らせ

ちぇ　句短をふれ　みっさん　しゃっくりびっくり　奇異が飛ぶ
えっさほい　今晩血なんかで鼓舞すーる
悶ミスプリ威張れ　粗を取る　キスおんぶ
擦れ句で便利　あんさん違う部類へ流浪

イルムさん、便すれば　すっショック　モノトーン、
婚が来る　アングラで会って　あんさん消える　消える隈
古木？　——先手家を出て　わしは郎党！
素ぶりを見捨てるよ　損だね　困るってば

CHANT D'AUTOMNE

Charles Baudelaire

Bientôt nous plongerons dans les froides ténèbres ;
Adieu, vive clarté de nos étés trop courts !
J'entends déjà tomber avec des chocs funèbres
Le bois retentissant sur le pavé des cours.

Tout l'hiver va rentrer dans mon être : colère,
Haine, frissons, horreur, labeur dur et forcé,
Et, comme le soleil dans son enfer polaire,
Mon cœur ne sera plus qu'un bloc rouge et glacé.

J'écoute en frémissant chaque bûche qui tombe ;
L'échafaud qu'on bâtit n'a pas d'écho plus sourd.
Mon esprit est pareil à la tour qui succombe
Sous les coups du bélier infatigable et lourd.

Il me semble, bercé par ce choc monotone,
Qu'on cloue en grande hâte un cercueil quelque part.
Pour qui ? — C'était hier l'été ; voici l'automne !
Ce bruit mystérieux sonne comme un départ.

秋の歌

シャルル・ボードレール　阿部良雄訳*

やがて私たちは沈むだろう、冷やかな暗闇のなかへ。
さらば、あまりにも短かったわれらの夏の、烈しい日射しよ！
私の耳に、はや聞こえてくるものは、裏庭の敷石の上、
不吉な響きを立てて落ち、こだまする、薪束の音。

私の身のうちに還って来ようとする、冬のすべて――怒り、

憎しみ、戦《おのの》き、恐怖《おそれ》、無理強いされるつらい仕事、
そして、地獄とばかり北極に閉じこめられた太陽さながら、
私の心はもはや、赤く凍った塊りでしかないだろう。

身ぶるいしながら私は聴く、一つ、また一つ落ちる薪の音を。
断頭台を築く響きも、かほど陰に籠りはすまい。
私の心をたとえるならば、疲れを知らぬ重い槌に、
攻め立てられて、あえなく崩れ落ちる塔。

この単調な響きに身をまかせれば、思い做《な》しか、
あわただしく、柩を閉じる釘の音の、どこからともなく聞えてくる。
誰を葬ろうとてか?——昨日は夏を、そして今日は秋を!
この不思議な物音は、出発のように鳴り響く。

＊『ボードレール全詩集Ⅰ　悪の華』一九九八年、ちくま文庫

三叉歯音

パレ座る　ブル出て　地霊　断霊　三亭癒える
ピコ手　パレぶれ　触れ　裸婦夢乳
ねむ~る　爺やん　三亭照れ　裸触れ　雨冷え
樹　冷静　ルパン　紅絵　待てっと　乳

純　パル濡れ場　純　パン擦れ　裏暗
女ラムール　暗ふいに　夢問トラ　男編む

えっ　地霊　老わ〜ん　媚や〜ん　老わ〜ん　困るボエミヤン
パラ　納豆売る　得る　アベック　己食む

SENSATION

Arthur Rimbaud

Par les soirs bleus d'été, j'irai dans les sentiers,
Picoté par les blés, fouler l'herbe menue :
Rêveur, j'en sentirai la fraîcheur à mes pieds.
Je laisserai le vent baigner ma tête nue.

Je ne parlerai pas, je ne penserai rien :
Mais l'amour infini me montera dans l'âme,
Et j'irai loin, bien loin, comme un bohémien,
Par la Nature, —heureux comme avec une femme.

感覚

アルテュール・ランボー　宇佐美斉訳＊

夏の青い夕暮れに　ぼくは小道をゆこう
麦の穂にちくちく刺され　細草を踏みしだきに
夢みながら　足にそのひんやりとした感触を覚えるだろう
吹く風が無帽の頭を浸すにまかせるだろう

話しはしない　なにも考えはしない
されどかぎりない愛が心のうちに湧きあがるだろう
そして遠くへ　遥か遠くへゆこう　ボヘミヤンさながら
自然のなかを——女と連れ立つときのように心たのしく

＊『ランボー全詩集』一九九六年、ちくま文庫

［零と我　プッ揺れ　おっ来る……］

［零と我　プッ揺れ　おっ来る……］

零と我　プッ揺れ　おっ来る　土手　それ友、
ＲＵＮ火に　無論　怒多　煮ゆ禍照らん
ラ・海　嗚呼経るで流巣　あっ手　満む餓える命言う
えっ牢務　生似えの悪　あっ不乱　滑らん。

[L'étoile a pleuré rose…]　Arthur Rimbaud

L'étoile a pleuré rose au cœur de tes oreilles,
L'infini roué blanc de ta nuque à tes reins ;
La mer a perlé rousse à tes mammes vermeilles
Et l'Homme saigné noir à ton flanc souverain.

［星はおまえの耳のただなかで……］

星はおまえの耳のただなかで薔薇色に泣き、
無限はおまえの項から腰へと白くめぐり、
海は朱いおまえの乳房で褐色の玉となり、
男はおまえの至高の脇腹で黒い血を流した。

アルチュール・ランボオ　粟津則雄訳＊

＊『ランボー全作品集』一九六五年、思潮社

マリイへ　そうすればピエロ

ああ　ルール　パトロン女房　ピエロ
——数珠だ
——おら、めす許せず？　出る日
いる、誠実な子　ふるえて　ええ　枯れる
行く知らせ
ピエロさん　いらん　上ひっぱって　姉
ちゃん　終始絶望

棒こする　うわずり　こけって
誰だ　知らん　誰をほうる
まるで　いるみてえ　マリイさん　無礼を売る
ヘルを刷り　散々降りズブ濡れです

MARIE EST SUCEE PAR PIERROT

Georges Bataille　LE MORT

ALORS la patronne dit au beau Pierrot :

——Suce-la.

——On la met sur une chaise ? dit une fille.

Ils saisirent le corps à plusieurs et calèrent le cul sur la chaise.

Pierrot s'agenouillant, lui fit passer les jambes sur ses épaules.

Le beau gosse eut un sourire de conquête
et darda sa langue dans les poils.
Malade, illuminée, Marie semblait heureuse,
elle sourit sans ouvrir les yeux.

マリー　ピエロになめられる　　ジョルジュ・バタイユ『死者』より　生田耕作訳*

そこでおかみは美男のピエロに言った。
「お舐《な》め」
「椅子に座らせたら?」一人の娼婦が言った。
皆は数人がかりで身体を持ち上げ、尻を椅子の上に支えた。
ピエロはひざまずくと、彼女の両脚を自分の肩の上に乗せた。
美青年は勝ち誇った微笑を浮かべ、舌を毛叢の中に突っ込んだ。
気分がすぐれず、天啓に浴した思いで、マリーは幸福そうに見えた。目をつむったまま彼女は微笑《ほほえ》んだ。

＊ジョルジュ・バタイユ『死者』一九七六年、角川文庫

聞こえるよ／仏訳ウーサ

八潮れん

アンタとウヌで　ぷらぷらしよう　アンコールじゃ目立たん
ええもんできるノルマ　留守遠く
多本数でハクションを止めたるで　怒コンパニオンさん　ぶらぶら

仏訳

オルファ・ベローマ

Entre une dépravation encore jamais atteinte
Et mon désir normal se trouve
La force d'éjection fœtale de deux compagnons semblables

「とうてい行きつけない……」　　詩集『ウーサ』より　八潮れん＊

とうてい行きつけない堕落と
わたくし正常な欲望のあいだに見る
似たもの同士の胎児排出力

＊詩集『ウーサ』二〇一〇年、思潮社

跳躍トランスイスイ

あーこれ　与太郎
アンドレ・ブルトンも言っているだろう
「サボテンすら金毘羅汁　うぬ知らぬか」と
はあ　ご隠居
しびれるもんにはどうにも逆らえねぇ

＊＊

鳩　良い子ぶる　［Le Bateau ivre］　Arthur Rimbaud

今度デッサンで　フレーブさんがバッシングだ
じゅげむさんはプルーン来て　晴れ晴れ
デモるぞ　栗やるでさ　行べ　ぷりぷる苦しぃぶる
レザーやん　狂えぬぞ　ぽとっと狂うぞ

しゃんどんどん　［Chant d'automne］　Charles Baudelaire

弁当の不良二郎　誰　ご飯はどこ　てめえ　売れ
味いいね　いかれて乗せて　トロ食う
がたん　でじゃんの豚べぇ　アベックでショック惚れ惚れだ
るい婆さんち　賛成　浜辺に出て狂うぞ

射る　降る　どもる　［Il pleure dans mon cœur］　Paul Verlaine

射る　降る　どもる
込み入る冬　風呂あびる
ケェれ　さっと勘ぐる
消えねぇと　苦悶くる

姉しゃん　まどろむ　［Les Chants de Maldoror］　Comte de Lautréamont

見えぬ　遅いやん　小倉セリは威張っている、パンツぱくる　蠍取って　空で寝るって
齢読む　うらやましく、アングラ濃いよ　あっちょっとちょっと　ド頭に来やんすなって
ば、絵で零児ぶれ　苦汁満腹です　出て怒なれ

バレずにマリネ　［Brise marine］

Stéphane Mallarmé

螺旋は取り捨て、偉そう！　邪流とドリブル
ふいに！　ロバふいに！　除算句でぞわぞわ　損を言う
デートは晴海で急務　亜子はおニューです

ずぼん　べらぼお　［Le Pont Mirabeau］

Guillaume Apollinaire

すると　見ろ僕　濡らしえぬ
　エノさんの寒い
　ホテル・ギルマン　棲みえぬ
螺状船とジュール　溢れやせぬ

便利だって　［Liberté］　Paul Eluard

するめ買い　家でこりこり
スルッ門　ぴりぴりっと　鰓ざぶざぶ
シュールはさぼる　そりゃないよ
ざっくり　どんどん

あかんな　山径　［Cannes V］　Jean Cocteau

モノレールは暗黒だぜ
煙る　古いドラマ

で　拭いて洩って　［Les Feuilles mortes］　Jacques Prévert

雪隠シャンソン　気ふれセンブリ
ドア閉め　メッ　ええ　言ってね
いい脱ぎもの　どの安産部
ドア軋み　もう開けてね

＊＊

それでご隠居これわかるなぁぁ
「恩エビアン　フェーブル　カント　姤むぅ」
ひぃぇ〜　わかるなぁぁ……
ほう　ラ・ファイエット夫人だなこれは
色恋沙汰に溺れとる時　人は弱きものになるって
世界を動かしているのは
じゃあ何かい愛かい？　そうかいぅーん

＊

へー　てぇしたもんだ

どうした与太郎

それがね　ご隠居
異邦人のカミさんがいうんでさぁ
「おこわがあれば、ちょっとずつメシでかいぞね。ママンにメール
あばら骨薄いっす。」って

うん　やはりわかっとるな
正義よりまずお母上のお命、とは

＊＊

許せねぇぞ　穴にへぇる　［Une saison en enfer］　Arthur Rimbaud

じゃあです、沈む　素早く素早く、豆炒って　屁すとん
うっ滑べれと暮れ　うっトレパンと暮れ
アン坐る、であっしらボッて　するめズル
絵がズレ取るべ　絵がズレ杏子理絵

根とらんぜ　［L'Etranger］　Albert Camus

おっ鋭い、ママンへもっと。うっポテト取る家、旬乗せれば。
ちぇっ留守だ　うん　照れグラムで野次る

納屋　［Nadja］　André Breton

丸みでふるえる、ペニスで目に射る

駆るメン　［Carmen］　Prosper Mérimée

駆るメンすら　投じる　理は売る。
狩りはえらいね、可あり　獲る無頼

カルメンの婆寝らぁ　［Habanera］

ラムネ　短パンで坊笑む、イルカじゃぶじゃぶこねて老。
シーツ埋めれば、重要テーマ、始終手を組む、腐乱が出たとは！

慕愛絵図 〔Voyelles〕　　　　　　Arthur Rimbaud

あ 濃悪、ぅ 婦卵、い 竜巣、ゆ 恵粒、お 夢流 ‥ 慕愛絵図

＊＊

だからきじね！　きじねがやってくる！

きじね……？　料理人のことか
それでそいつの作るものはうまいのか？

やっぱりキジの味で　ノウフなスープもいいらしいです

農夫とはつまり九で斬新でヌフとかいうやつだ
腹がへったな　さて……どんなものを食おうと食いながら

わしらはスタンダード先生のドラ愛でクリスタル化
やっちまう気だけはニュー迷路・1で
列島の鼻息さくらさくらくらっくでさぁ

跳躍トランス花状齢

め　たけのこ　もえる　おこり　たがやす　たみ　もえぎ
あけそめる　やわらぐ　ひより　やまと　つりあう
和して柔なり　なかよくなる　のどか　ほどよい
和して動ぜず　こたえる　あえる　なぎ　にぎ　和萌え

と来て　立ち止まる二〇一〇年六月の市
ベルトランという御仁の書物にケイコさんの墨が堂々入り込み
みごとに愛をやっている

というのも　その年こそ濡れ盛り
ものも食べずに泣いたりわめいたり　かきくらす
Kakikurasu……
なんで手前ぶるのか　怒悶が来る　遊ぶふり　充分吸い　減る怒
愛撫か　理があって　おじゃん　留守問答で弟子がでる

Ariwara no Narihira

とその歌集の横文字に目がくらみ
幾度となくめくって　うれしい空のうわ
袖はたしかに濡れ　キモノやカンザシの飛びかう音
書はベルトラン某を飲み込み噴き上げる
のたうつのはだれかだれかと
ケイコさんに尋ねるが　そんなこと知る知らぬ
Shiru shiranu……
無謀　打つのは無謀　熱はさっと冷存　なんて野郎じゃ？
劣る　賛者は番をする　空をとる　きっと

Yomibito shirazu

きっと琴の声　露はロゼとつづり　薔薇発疹が葦の茂みにもつづく
かな文字の固さにシギの飛ぶさま　そしてベルトラン好みの歌麿へ
イザベルへ　とんだ何角関係　友情の無害　見ずもあらず
Mizu mo arazu　　　　　　　　　　　　Ariwara no Narihira
ずれる　ひえる　あふれ　すえ　芽は出ぬ　では不穏をやめて
おせ　応じる　ウィ三秒　あるべきが減るぞ　だめなんだ
彼女はレポンス　無謀をねたみ熱は惨で尊　惨でどう?　劣る惨自慢をそり
それは戻るきっと　あの夢アノニム　Shiru shiranu……

＊

平和の大安売り
愛のたたき売り　ええい色戀
ウルトラクス・ノンープライド　ええい色戀

Tayori ni mo aranu omohi no ayashiki ha
Kokoro wo hito ni tsukuru narikeri
Ariwara no Motokata

メサンチマン　セルト　ヌソンパデメサジョ
プルタン　コムセメルヴェイルゾンコンデュィ
モンクールオプレドヴ
2、3日前　するっと　不遜場でめざし
降る譚　虚無僧は減る参る　居留守は混んで
門は香り　おおっぴらでも。

Waga kohi ha munashiki sora ni michinurashi
Omohi yaredomo yuku kata mo nashi
Yomibito shirazu

モナムールサンブルアヴォワルラムプリルヴィドデュシエル
プルタンメームアンシェルシャンジュネパドリュウムランドル
もうだめ　サンプルは終り知らんぷり　延びる　どうする

放る嘆 名門しゃんしゃん　じゃあ場を取り　熟む段取り

Omoitsutsu nureba ya hito no mietsuramu
Yume to shiriseba samezaramashi wo　　　Ono no Komachi
トゥタンランギュイサンジュムスイアンドルミ　モナミエタロールザパリュ。
サジセチルダンレーヴ？　ピュイジュヌパゼートルエヴェイエ！
とたんに乱じいさん　熟睡安堵を見い。桃は笑み　え太郎はあばれ。
些事は知っている　大丈夫？　ついでじゃ　では言い取るＡＢイエイ！

Tsurezure no nagame ni masaru namidagawa
Sode nomi nurete ahuyoshi mo nashi　　　Ki no Toshiyuki
ケルトゥルマン！　ラリヴィエルドラルムプリュフォルトクラプリュイアエルソル
ムイユママンシュエジュヌセコモンタレアヴォトルランコントル。
毛を取るな！　ラリって冷える　古本でクラッ狂い　会える　する
無理言う　まんま吸え　獣を乗せて御門垂れて　ああ掘っとる　大根を取る。

Asami koso sode ha hitsurame namidagawa
Mi sahe nagaruto kikaba tanomamu
Ariwara no Narihira
アンシュルファススルマンヴォトルマンシュエチルムイエ？　シジャンタンデ
ヴォトルコール　セルレダンジュヌリヴィエルドラルム、アロルジュプレヴフェル
コンフィアンス。
あーんする　発する万　劣る晩秋は減ってる　もういいや？　知らないで踊る凍る
背は暗い　男女のひびが癒える　怒鳴るも、あろうか自分で増える根を冷やす。

＊

合戦場　つめたい美人
洗っては練って　垢をぬき
着ることと脱ぐことの境から　絵つき実践指南図
ここをどこだと思っているの

いちいち手加減はしていられない
ネック　プリュズルトラ　（至上の）……
泣く　許す　潤んどらん

文学を口ずさむと向学心がついて
動くのが働くのがいやになる
布団世界ではすんでのところで目がさめ
とっぴなユーモアがわからない

たくさんの美人と大いに味わい奮闘する困難と
その克服にともなう充足
それだけが美人を幸せにできる
成果達成主義美人存在確認

うるし絵は離散ぶり　来年は雪がとぶ、

えらい惜しい、捨てる減る　リスは腫れとる　競っとる　とりもって？
ルシエルサソムブリラネージュキトムブ、エルオシ、プテルフェルディスパレートル
セトールトルマンテ？
Mibu no Tadamine
かきくらし降る白雪の下消えに　消えて物思ふころにもあるかな　ヲタタエ

あふれ千　ぜひに、あぶる怒とうに飛んでするも家
えくぼは折れ　二千で充分　離縁
アプレザンセフィニ、ラプニュイドトンヌトンブシュルモアエーメムヴォパロール
ミシャンジュロンリアン。
Ono no Komachi
今はとてわが身時雨にふりぬれば　ことの葉さへにうつろひにけり　ヲタタエ

もったいないね　庵を出て、煌々　納めて去るブルー
ちゃんと段取りをするから　こもる　モナムール。
モンターニュアンデビュデテ、ルククオソメデザルブルシャントダンルシエル
コムルフェモナムール
Ki no Tsurayuki
五月山梢を高みほととぎす　鳴く音そらなる恋もするかな　ヲタタエ

鳩ラベルで　ぜひダンス　ああフレンチサブレ、ラフなルールでするぜ
でも谷で吉野　昇っている　反るメンと句で理由を盛る？
アトラヴェールセディスタンスアンフランシサーブル、レフルールドスリジエデ
モンターニュドヨシノヌポルテルスルマンクデリュモール？　Ki no Tsurayuki
越えぬまは吉野の山の桜花　人づてにのみ聞きわたるかな　ヲタタエ

＊

むしろ一般的な跳躍
眠りの質さえよければ　たいていのことはうまくいく
次になにが来ようと鉛にオレンジ
俗な後始末はまるめて　やさしく
ものガムガム　もわを噛む
ものがみい　みてみい

Kimiya koshi wareya yukikemu omohoezu
Yume ka utsutsu ka nete ka samete ka　Yomibito shirazu
エスヴキエトヴニュエスモアキスイザレ？
ヴァラクジュヌマンスヴィアンプリュ。
エテスアンレーヴウラリアリテ？　エテージュアンドルミウエヴェイエ？
イエスと吹き　えっ飛ぶヌエ　すもうは生粋　去れ？
荒くじゃないもん　素早いブラ。
エテさん　ずいぶん出歩いて？　いてぃじゃん　行燈見え　うわべ言え？

Kakikurasu kokoro no yami ni madohiniki
Yume utsutsu to ha yohito sadameyo　Ariwara no Narihira
ダンレテネーブルドモンクールサソンブリジュムスイペリュデュ。
レーヴウリアリテ、オジャンドスモンドドデシデ。
旦那はてめえ振る　デーモン来る　あっそっ　プリズム滑るぞ。
ずいぶん出歩いて、会うじゃん　留守なもんで　手でして。

あいい景色を色葉に追えと
もわがみえてみえるとみえて
ただ無力を思い　温かな家を出て
街路の寒さにびりびりときたら
もわにとわの為ん方なし

＊仏訳古今和歌集（ベルトラン・プティ訳）を参考。

シャルルも中国の御仁も鬼貫も時は猫の目の中
瞬時の愛を異国の広場で買い求め
一万キロ　こたつの上で跳躍する

Samidare wo atsumete hayashi mogamigawa　　BASHÔ
トゥトゥラプリュイドメ
ドレンダンソンクールラピド
ラリヴィエルモガミ

どっとだ　振い止め
取れない男尊心なれど
ふらり冷えいるモガミ

Kakikuheba kanega narunari Hôryûji　　SHIKI
ジュマンジャンカキ
ラクロシュスメタティンテ
タムプルホリュジ
自慢じゃんカキ
楽おすすめ当たって
たっぷり掘る爺

Shizukesaya iwani shimiiru semino koe　　BASHÔ
ケルシランス！
アンプレニャンラロシュ
ルクリデシガル

蹴る　知らんせん！
あっぱれな　オス
で栗で叱る

Suzumenoko sokonoke oumaga tooru　ISSA
プティモアノ
エカルトモアエカルトモア
メトルシュヴァルパス
プチもの言わぬ
いかるとは　いかんとは
目を取る縛るはずせ

Nanohanaya tsukiha higashini hiha nishini　BUSON
シャンドコルザ
ラリュヌエラレスト
ルソレイユアルエスト

ちゃんと凝るさ
ならぬ　へたれ　すとん
じゃそれいいや　飢え　すとん

Korega maa tsuino sumikaka yuki goshaku　ISSA
ススラドンクスラ
マデルニエルドモール？
サンクピエドネージュ
さすらい鈍臭いずら
魔が出る出る眠る？
さんざ冷えて寝入る

Nekono me no mada hirusuginu haruhi kana　ONITSURA
ドスジュルドプランタン
ヌナヴォンパパセミディ
シオジュウデュシャロンスフィ

どうせズルでプラン立たん
濡れ本ははさみで
潮で砂論する日

拝具アイク　愛にいく
どおりで早よ生くせーの川　　　　REN

*

C1準マスター　それよりはるか　対話させることです
わたしを喜ばせたり楽しませたり悲しませたりする大好きなあれこれ
というのが気に入っている　理想的失敗の解読体系があるのですね
なんでも大げさに騒ぎ立てる傾向なんだす　たんだんす　こんな具合で
ロココ　よかりんす　卵泥はうぬの損だ

Le coucou localise l'endroit où nous ne sommes pas　　Paul Claudel

くるまって、くる街　引っ張ると　郎　奮い出ろ

Que je mendie, que je marche, partout le bruit de l'eau　　Santoka

そる　で食うと　指はいる

Seul j'écoute le pivert　　Santoka

荒れ狂う波浪　じゃくっと

Allègre à l'eau je goûte　　Santoka

ざらめさん　トランク斬る　甘いよ　サフランとマー油

Dans la maison tranquille ma mère se plait et bâille　　Jack Kerouac

更におらん　で苦しむ　すべるそわるで　落雷、ル・バルサン

Sous la lune au loin des glycines se perçoivent la couleur, le parfum　　Buson

びわを浴び　雲はじゅぇっ！　戸は消え　空降らん
Viens avec moi jouer ! Toi qui es orphelin petit moineau　Issa

出ろ　とんま　いちにっさん　駄鳥捨てる秋　いねぇずら　この冷え
De l'automne finissant la tristesse à qui irais-je la confier　Ryôkan

羹の類の予感？　暗黒でもないが丸見えで　熱いものに目がくらみます
汚泥で寝冷えはこわいから　ここでは必要なことが起こっている
そう見よう　呼吸が変わって　どおりで実際どないする愛育

＊

ドッタン　ザッタン
落下で　素か出る滝の音

出てこいよ　ドットンと
ドゥタンザンタン
ラカスカードエルタキヌ
レフイユドトンヌ
Oriorini kotakiwo naburu momiji kana　　　Issa

あぁきみ　噴き出ている
つまりもみじはわたしの根

そわそわせず
アレは逃げず　ふらふらして
追わぬ万象
スワサンスシ
アレニェデュプラフォンラスイ
ポワンヌマンショ
Sumino kumo anjina susuha toranuzoyo　　　Issa

いそがしく指のうごめく巣だから
きみの思うところ
考えすぎず　好きすぎず

さる昼　煮えれば　飲めないんだ
燻り出て　あわてて出らず　取られ損！
セルプルミエパヌムナン
アルブリデザンファンティラージュドラレゾン！
(Risei no jigi no boukyaku heto watashitachi wo michibiki nagara !)　G.Bataille

恥じて色づく気の照るひらめく
アイキスト文化イベント

＊俳句はヴァンサン・ブロシャール仏訳を参考。

善人の妻

数限りない人が通りすぎて行ったところ
ごみ集収車の音といっしょに
アヌドゥマントナン
あっのど満タン
今度こそわたしとあなたの勝負
またはしっかりと待ち構えて
落ち込むことの安楽
ラコメディユメヌ
楽めに夢ね　おのれのバルザック

やけっぱちのメモ用紙やボールペン
今持たなくてどうするの
レティロワルズーヴルダンソンセルヴォエキルコンテトルヴェ
プランデスプリスフェルメル　イルドヴァンスチュピド
Atama no naka no hikidashi niha kichi ga gisshiri tsumatte irutoomottanoni
Sorega kyuu ni shimatte shimai jibun ga baka ni nattayouna kigasuru
寝てるのはうまい　男尊するも　できることで取るね
プランですべり　すり減る　居留守番する人

たくさんの鍵をもっている
とりつく島もない街路では
なんとなく半分……良い子がひっかかって

モンクールエグラン　イルプトゥルスヴォワル
Washi no kokoro ha hiroi kara nandemo ukeire rareru
文句ですら　インプット　ロスを掘る

ゴリゴリおとっつぁん　泣けてくる

善人の妻　カブくところからお出まし
少しでもいいからふりむいて
Le smourai さむさ売れ　ル・侍

ラムールネニヴレ ニピュル　シルネジャルウ
Ai toha sorega shitto wo umumonode nainara shinjitsu demo jyunsui demo arienai
黙る根にふれ　にぶる　知らんじゃろう
ヴィクトル烏合さま　今夜会いにきてくださいませ
またはソラマメのありよう　ステファン磁気嵐
キエクパーブルドモナムール?
Watashi no koi ha ittai darega tsumi wo oubeki nanode shouka?
消え　食うパズルでもう和む?
晦渋もくもく×拍子抜け率直

リヤンクドラグラティテュド　メルシ
Tada kansha nomi arigatou
逆ッ　グラッ　不埒中途　滅入る姿

＊

花形トランスター
主役はなんといっても粘着不器用
つまりダマールだ
え？　マモール？
ちがう　アムーウ！
確かに！　うん　生活をあむとは……
アアモウときたもんだ
説明に明け暮れてばかり
そりゃわたしたちだってちょっとしたスター

いや先生方はなんでも知っているらしいが　どうかな……
終わらないね　一晩中質問してしまう
その語りをさかなに
これがまた　セルラムール、ノン？
それでだもの、脳？
予定どおり頭の回転優良殿にねじふされ
どうにもかなわぬ相場範疇思想

タブシュオレーヴルドルネパザンモアプルリル
多分俺はいる　どおりで粘る惨　もうふられーる
Kiniro no kuchibiru wo motta anata no kuchi ha watashi no nakade
warautame no monodeha nai

親しみのポール、E、女性をとても愛します

エテモオレオルオンタンサンスシパルフェ

おてもやん　どれを折るの　温暖センスですし　ぱっぱっと
Kagayaki wo hanatsu anata no kotoba ha amarinimo kanpeki na imi wo motsu

シャクエグジジュドロトルアナムールキ
ネスレデュイニュルマン　オ〈プロジェデートルエメ〉
しゃっくりがエグい　流浪をあむ木を盗んで乗る　なんとプロで出ているおめえ
Aisurumono ha〈aisareyouto suru kuwadate〉ni kesshite kangen
sarenai ai wo youkyuu suru

ジャン・ポール　アンフェタミン　溶解不可

ケレテラヴェリテドセットコンケット？
けらけら便利で　雪泥権化って？
Kono kakutoku no hontou no imi toha ?

ラフォルスドラージュ

ら・ホストだぜ
Onna zakari

シモ縫う　頑張った

日々ものにしてやる　強いられる満艦飾
拝み倒されるようにしむけてね
先生方はほしいものをほんの少し与えてくれる
本当はあからさまなからくり
その針にふれて肌を傷めること
鼻孔がヒリヒリして眠れないこと
白／紺／黄？　なぜいたわろうとする
赤／銀／黄！　目はくらませてから行け

＊

超塗リップスティックス
整形外科的鈴木氏のレントゲン上では
コリコリの愛がごく常識的に　年を取っていく様があるばかり
小心ものにありがちだが　ときに尊大を秘めた一途さ
これからとんでもないことが起こるかもしれない

ジャヴェゼメルプレジールキルムドネ
ジャブ攻めて　無頼いじる　切るむだ毛
〈かれがわたしに与えてくれていた欲望を愛していた〉の意

そうか　フランソワ
プライドがこうと決めた愛の代替物

I love Paris every moment
おいらはパリっとして　便利もめんどう

Why, oh why do I love Paris？ Because…
はいおー　はいどー　おいらは針です？　微光する……

大目にみよう　ピンクベージュや桜色
とんでもないのはその人次第

ジュヴドレムポゼドタンザンタン　レフェールモンプランセンス
守備は病んどれ　猫背でさんざん鍛錬　フェロモンは無礼でざんす
〈わたし　あなたのところにときどき休みに来て　感覚を満タンにしてもらう〉の意

ときどきだけ？　なぜ？　いつもがいい

メヴェールフュイレ　ドウエフレル
めげる　不意にね　なぜ振れる
〈わたしの詩は穏やかに儚くながれさる〉の意

まかせられたら　上盛りべっとり
ロワンデジュ　ロワンデゥクール
路庵です、牢韻ぬくーい
〈目遠ざかれば、心遠ざかる〉の意
（近づけば隠くし　行けばほのめかし　眩しく目を細めて互いを仰ぐ）の意もあり

＊

こんにちわですでに愛をしている的問い
ほとんど曇りの結末がみえる
スクリーンではどんなのがあたし？
Hora mite watashi no momo marude zerachin
Funyafunya de tarumiyasui taishitsu

ロギャルドメキュイス　オンディレドラジェラティヌ
ジェルコールキドヴィアンフラスク
どぎゃんするで　雌うぐいす　おんどりゃ　どらどらチン
ジェルが凍る　来て見やん　ふらつく

ナタリーとルイーズのドン詰り

Zenzen wakaranai umaku dekinai
ジコンプランリヤン　ジアリヴパ
字がこんぴらやん　示威槍鉄砲

コム　ノ　ヴォワ　ダ　バ　ダ　バ　ダ
こんどは　ばった　ばった　ばった　ば　た　ば　た
われらの声が　男か女か知ったこっちゃない

Kono musume ga koi shiteirutoko ha miemie dane
サスヴォワグロコムユヌメゾンケレエタムルーズ　セットフィユラ
さす棒がグラッ　呼吸や寝相　蹴りたもうぞ　さて昼だ

男を意のままにしたいけど　望みはそれに負けること……

Renai no monogatari ha saisho to tyuuban to owari ga nakute ha naranai
レジィストワールダムールドワーヴタヴォワーランデビュ　アンミリュエチュヌファン
レジストアだもの　ドアノブは多分デビュー　餡味料へ許さん

下心は強いほどいい
希望を高く売るので　文句たらたら
褒められ足りない　褒められ足りない
アンビギュイテ Aimai もこもこ　阿鼻悔いて

＊

口が覚えるパンパ化パン
話に出てこない会話
口慣らしパターン　条件反射でパンパ化パン

チュネカトラヴァイエアヴァンタージュ
きみはもっと勉強しさえすればいい
「トナカイをつかまえて黙ったぜ」

使いたくなる例文が花咲いて
イルヴォミュザタンドルイシ
ヴフリエミュドヴデペシェ
ここで待ったほうがいい
急いだほうがいいでしょう
「射る棒を見る　あたしの意思」

「武兵身憂で武　出ていらっしゃい」

時制はややこしく恍惚として
こんなに滅入った考え

ペル　オムニア　サエクラ　サエクロールム
(Towa ni towa ni)
「経るお前には　さあいくら冴え　苦労を倦む」

信頼を勝ち取るためには
ひかえめに　なごやかに
ほどよいカイロのぬくもりで
お腹が落ち着きパンパ化パン

ためらいを恥じる？　先生をこわがって
豊かな身体の実りをふうじこめる

覚えたいのは「死ねばスルっで締めず」な問い

*

ヒルニナケ
綿密な生活の感じと
善良な直感の最中
髪は素早く乾かしたが
夜はいろいろ身体の調子もおかしくなるので
無理にでも風呂は昼に入り
出るものは流しておいたほうがいいのか
必ず湯ざめる
ねえ　プライドないの？

一つのことを考えていた

ねえ　もっと頭よくできないの？
たいてい食べ過ぎてお腹をこわす

男に託す野心はあらためられ
よく考えてみればひまつぶしで
目のくらむ優雅がほしい

テンプス　エダックス　ホモ　エダキオール
Toki ha donyoku ningen ha nao issou
転覆する　えっ　だってもう枝が切れる
ヴィクトルは訳して
ルタンエタヴォーグル ロムエスチュピド
Toki ha moumoku hito ha oroka
る・嘆へ多忙が来る　労務はストップだ

なんとなく苦しみをまねる息の音

絶えると思えば陽の熾るわずらわしさ
言術に頼られてだるいヨル

＊

ウイイ
酔うこともなくなって　近ごろ
ばりっと干支　ぷちっとプール好き　せえの　この段を押して　ぐらっと黙る
パリエトゥプチプールスキセームコムヌダンノシグランダムール
（Aisurumono niha pari mo semaiwa）
下山ファンで薔薇で
レザンファンデュパラディ
Tenjyousajiki no hitobito
はやくもシェルブールに到着

もうなめる、十畳んで折れ　とってもいい！

モナムール、ジュタタンドレ　トゥトゥマヴィ！

Aisuru hito, zutto anata wo matte iruwa！

順番を忘れたとは！　ジュヌパンスレカトワ！
Kimi no kotoshika kangae rarenai！

レスト。ヌパールパ、ジュタンシュプリ！

ぜひと。うーぱーるーぱー、銃弾しぼり！

Konomama kokoni ite. Ikanaide, onegai！

思想家はかおる
弾や類や黙る　六十（まえ）根にもっと煮えろ罠
ダンルドゥヤムル　ロブジェ（エメ）ネニモール　ニエロワニェ
Renai no mo nioite（ai）no taishou ha shindemoinai shi toozakkatemo inai

夢想家がめざめて
スコップだ　これざんす　でレターやめ　寝込んで苦しい願いてふてふ
スコンプランナンプレザンスドレートルエメ　ネカンクリシェネガティフ
Sukina hito no maede torunoha nega deshikanai

勝てるか　わたしが知ったと思うトランス語

嗚呼　もう難産　むうむうデモン
エラス！　モナンファン　ヌヌゼモン
Aa! kawaii ko　Watashitachi aishiatteiru

競ったモードで　盆や正月　で醬油ふんだん　で勝負ぐらっ
セテタンモンドドボンヌショウズ　ドショウズフォンダント　ドショウズグラス
Soreha oishii mono torokeru mono kotteritoshita monokaranaru sekai

腸だ　胃だ　ゾラ見ろ　ぴーんときた！　指をならし　遊びをならし
ちょうだいします　サプライズ

＊

あれこれ作りだして請う鍼灸治療院的おだやかさ
帰りにシャンプーとリンスを五つずつ　カイロ六十個
白菜大一個　しゃぶしゃぶ肉四パックを買って良しとする
坂道で大道芸人ジョージ・ガールは意見を変え
態度を変え　リズムを変え
オフィシャルには「新鮮な」空気を吸って
気分が悪くなる　お腹だけはすくので
アラブウシュアンルフランヌヴォ　Kuchi niha atarashii rifurein
あら文章　ある不安　ヌウとしてボ　の意も
ネル眠るヴァル

生まれてしまった　生きなくては
ちょうだいしますサプライズ　の意も

花の夜はだれともつかない人と夢を見合う
ラヴィルエベル　Machi ha utsukushii
ラヴィエベル　Jinsei ha utsukushii
だめでベロ　の意も
茶毘へ経る　の意も

ドラミュジックアヴァントゥトゥショウズ
Naniyorimo mazu ongakuwo
どらいみじくも　あかん　とっとと勝負　の意も

オンスキット?　Watashitachi wakareru ?
アロル　オンスキット?　Jyaa wakareyouka ?

おおすっきりと　の意も
ああ　下ろす　きっと　の意も

買い物袋の影が落ちて
今誰それが亡くなりましたと告げられる

＊オノレ・ド・バルザック、ヴィクトル・ユゴー、ステファン・マラルメ、ポール・エリュアール、ジャン・ポール・サルトル、シモヌ・ド・ボーヴォアール、コール・ポーター、フランソワズ・サガン、ダニエル・ペナック、ジョルジュ・サンド、マルセル・プルースト、エミール・ゾラ、ロラン・バルト、ジェラル・ド・ネルヴァル、ポール・ヴェルレーヌの作品や書簡からの引用、カトリーヌ・コルシニ、クロード・ルルーシュ、パトリス・ルコント、フランソワ・トリュフォー、マルセル・カルネ、ジャック・ドゥミ監督作品からの引用あり

優れた翻訳本のおかげで文学的世界を育んでこられた。
先達、そして現在の翻訳家の方々には心から感謝申し上げたい。
振り返って、自分にできることはなんだろうと思う。
自己撞着する言葉を壊したくて、空耳的表現を試みてきた。
カラ耳？ クウ耳？ 音は空に散って、
日本語と外国語のあわいで何かが動く。
（実際、トランスリティクス translitics という
空耳を利用した詩のジャンルがあるらしい。）
この戯れを詩集として固定してしまうことに多少の疑問も
感じながら、しかしこの作業、「詩を書く私は楽しい」という驚きの発見があった。
そして私はそこに困難と好期の予感を願いたいと思う。

ケルクソワラディスタンス……
軽く坐るですざんす……

ル・鳩《はと》　良《よ》い子《こ》ぶる

著者
八潮《やしお》れん
発行者
小田久郎
発行所
株式会社思潮社
〒一六二―〇八四二　東京都新宿区市谷砂土原町三―十五
電話〇三（三二六七）八一五三（営業）・八一四一（編集）
FAX〇三（三二六七）八一四二
印刷・製本所
三報社印刷株式会社
発行日
二〇一五年三月二十日